DES MOYENS D'ASSURER

DU

TRAVAIL AUX OUVRIERS.

DES MOYENS D'ASSURER

DU TRAVAIL

AUX OUVRIERS

ET DE L'ASSISTANCE

A LEUR DONNER PENDANT LES TEMPS DE CHOMAGE

ET DE MALADIE

Par M. E. G.

LYON.

IMPRIMERIE DE LÉON BOITEL,

QUAI ST-ANTOINE, 36.

1849.

DES MOYENS D'ASSURER

DU

TRAVAIL AUX OUVRIERS

ET DE L'ASSISTANCE

A LEUR DONNER PENDANT LES TEMPS DE CHOMAGE

ET DE MALADIE.

Cette question, infiniment grave, aurait besoin d'être traitée avec beaucoup de développements. Nous allons essayer d'indiquer seulement ici quelques-unes des idées principales qui, mieux étudiées et plus approfondies, nous sembleraient pouvoir mener à la solution de l'important problème dont la société se préoccupe si justement aujourd'hui.

Pour arriver à un résultat convenable, il faudrait trouver le moyen de satisfaire à ces trois conditions : moraliser l'ouvrier, lui procurer du travail autant que la chose est possible, et lui assurer des secours pour les temps de chômage, de maladie, et pour le moment où l'âge et les infirmités ne lui permettent plus de travailler.

La moralisation viendrait en grande partie de la surveillance qui serait exercée par les ouvriers eux-mêmes, au moyen de l'institution dont il sera parlé ci-après, surveillance inaperçue et presque involontaire, parce qu'elle ne serait confiée à personne, qu'elle se ferait par la force même des choses, et sans qu'il fût en quelque sorte possible qu'elle n'eût pas lieu.

L'assurance du travail à l'ouvrier ne nous semble pas pouvoir être déterminée d'une manière absolue, autrement l'on retomberait dans les dangereuses théories d'une question désormais condamnée, celle du *droit au travail*. Tout doit donc se réduire ici aux moyens de faciliter le plus possible aux ouvriers les chances d'obtenir du travail. C'est dans ce but que nous proposerions l'établissement de *Syndicats*, ou bureaux de placement, dans chaque profession.

Les membres de ces bureaux seraient choisis parmi les ouvriers et nommés par voie d'élection.

Le nombre des Syndics pourrait varier suivant le nombre des ouvriers à représenter. Leurs fonctions seraient gratuites, et leurs attributions devraient être réparties de manière à ne pas entraîner pour eux une trop longue perte de temps.

La nomination des Syndics par l'élection peut, nous le savons, offrir des inconvénients. Il serait mieux sans doute que ces nominations fussent directement faites par l'autorité. Mais alors il serait à craindre que les ouvriers n'accordassent pas aux Syndicats la confiance qui leur est nécessaire pour rendre les services qu'ils sont appelés à rendre.

Afin d'obvier à ce double inconvénient, le mode d'élection pourrait être établi ainsi :

Le Bureau serait présidé par le Maire, ou par un Membre du Conseil municipal délégué par lui.

Pour être admis à voter, l'ouvrier devrait être

âgé de 25 ans au moins, et exercer sa profession depuis cinq ans.

Pour être nommé Syndic, l'ouvrier devrait être âgé de trente ans au moins, et exercer sa profession depuis sept ans.

Les Syndics seraient nommés à la majorité des voix.

On pourrait ajouter à ces dispositions toutes celles qui seraient de nature à assurer la nomination d'ouvriers honnêtes, éclairés et amis de l'ordre.

Dans les communes où les ouvriers seraient en trop petit nombre pour former un Syndicat dans chaque profession, ils pourraient alors se réunir pour élire un Syndicat commun à plusieurs professions.

Les ouvriers resteraient toujours libres de ne point s'adresser aux Syndicats, mais alors ils n'auraient à leur demander ni travail, ni secours.

Les ouvriers qui voudraient avoir recours aux

Syndicats, en recevoir aide et protection, et leur remettre le soin de leurs intérêts, seraient inscrits sur des régistres spéciaux. Alors commencerait le rôle du Syndicat.

Chercher à connaître la moralité de l'ouvrier, son intelligence, son talent; lui procurer du travail, régler avec le maître le prix de la journée, le temps et les conditions du travail, soutenir l'ouvrier, le défendre contre les prétentions souvent injustes des maîtres, lui faire des remontrances quand il se serait rendu coupable de quelque faute : voilà sommairement qu'elle serait la mission du Syndicat.

Les Syndicats d'un département et même des départements étrangers devraient correspondre entre eux, afin de pouvoir s'aider mutuellement, surtout pour procurer du travail aux ouvriers. Il arrive assez souvent en effet que les travaux sont rares dans une localité, et plus actifs dans une autre. Ce serait plus particulièrement alors les ouvriers célibataires qui pourraient être appelés à passer d'un département dans un autre.

Les Syndicats d'ouvriers offriraient le moyen d'arriver sans rigueur à la suppression du *compagnonnage*, institution plus nuisible qu'utile, qu'ils remplaceraient avec avantage parce qu'ils tendraient à moraliser l'ouvrier et à défendre ses intérêts d'une manière plus large et plus efficace.

Pour compléter l'institution des Syndicats d'ouvriers, et pour la mettre à même de fonctionner avec régularité, nous proposerions également pour les maîtres ou patrons la création de Syndicats dont les membres seraient aussi nommés par voie d'élection.

Le principal but de ces Syndicats serait de discuter avec les Syndicats des ouvriers les questions relatives au travail, au salaire, et à tout ce qui concerne les intérêts des maîtres et des ouvriers.

Les Syndicats de maîtres et d'ouvriers réglant les salaires et les conditions de travail, les grèves devraient naturellement n'avoir jamais lieu. Si, dans certaines circonstances, des ouvriers pensaient avoir droit à une augmentation de salaire, ils porteraient leurs réclamations à leurs syndicats qui, après les avoir examinées, les transmettraient eux-mêmes aux Syndicats des maîtres ou patrons. Ce serait alors ces deux Syndicats réunis qui examineraient s'il y a lieu d'accorder ou non l'augmentation demandée.

Cette augmentation pourrait être admise si le haut prix de la marchandise assurait un assez large bénéfice pour qu'il fut juste d'y faire participer l'ouvrier en augmentant son salaire. Une augmentation accordée dans des circonstances semblables pourrait, dans un cas contraire, permettre (toujours par l'entremise des Syndicats) de réduire le salaire des ouvriers, au-dessous du taux ordinaire, afin de faciliter la continuation du travail, lorsque le prix de vente de la marchandise serait au pair, ou au-dessous du prix de revient.

Comme il pourrait arriver quelquefois que les Syndicats ne s'entendissent pas entre eux sur la convenance, l'augmentation ou la réduction des salaires, il serait nécessaire que l'autorité eût droit d'intervention, et fût appelée pour servir de conciliateur et d'intermédiaire entre les parties.

L'autorité devrait exercer sur les Syndicats une certaine surveillance, quoique très-réservée, afin d'être au courant de la position respective des ouvriers et des maîtres, de connaître si le travail est suffisant pour faire vivre convenablement les ouvriers et leurs familles, et pour s'assurer si les Syndicats remplissent avec zèle et charité les fonctions qui leur sont confiées.

La dernière question qui nous reste à examiner est celle de l'*assistance*.

Cette question pourrait être résolue par la création d'une *Caisse d'assistance* pour chaque profession.

L'administration en serait confiée aux Sydicats.

Cette caisse servirait à secourir l'ouvrier et sa famille, quand il manque de travail, quand il est atteint par la maladie, quand il est infirme et âgé, quand la famille a perdu son chef.

Les secours seraient accordés selon les besoins, et surtout suivant la bonne conduite de l'ouvrier. Il ne serait pas juste, en effet, que les retenues faites sur le travail de l'ouvrier laborieux profitassent à l'ouvrier paresseux, prodigue ou débauché. Il est à présumer que, sous ce rapport, justice serait faite, parce que les Syndicats seraient peu disposés à favoriser le vice et la paresse.

La Caisse d'assistance serait alimentée :

1° Par une retenue de 3 p. $^{o}/_{o}$ faite sur tous les salaires des ouvriers.

2e Par une rétribution que payeraient les maîtres ou patrons, et qui serait également calculée à 3 p. $^{o}/_{o}$ sur le prix de la journée ou le prix de façon payé aux ouvriers.

Ainsi le maître et l'ouvrier contribueraient

dans une égale proportion à l'alimentation de la Caisse d'assistance.

De la part de l'ouvrier, la retenue serait une légère économie qu'il s'imposerait chaque jour, pour la retrouver plus tard dans les jours mauvais et dans la vieillesse.

De la part du maître, la contribution serait comme l'acquittement d'une dette, parce qu'il est juste que l'ouvrier trouve dans son travail des moyens d'assistance.

La perception de ces droits, ou primes, peut présenter des difficultés sans doute ; mais elle ne doit cependant pas être impossible. Ainsi le maître pourrait en même temps verser entre les mains des Syndics le montant de sa contribution et le montant de la retenue qu'il aurait exercée contre l'ouvrier, pour la part à payer par celui-ci.

Les Syndicats des ouvriers, tout en dirigeant et ordonnant la distribution des secours, devraient être astreints à ne garder en caisse qu'une somme déterminée et très-limitée. Ils seraient obligés de verser le surplus dans les caisses qui devraient être établies à cet effet par le gouvernement. Cette mesure est indispensable pour la garantie et la sûreté des fonds de secours, qui deviendraient la propriété des ouvriers, et pour que les Syndicats ne gardassent pas entre leurs mains des valeurs considérables, dont ils pourraient parfois faire un dangereux usage.

Conviendrait-il même peut-être que les Syndicats n'eussent pas le droit absolu de distribuer à leur gré les fonds de la Caisse d'assistance. Un réglement pourrait déterminer la part proportionnelle aux sommes receuillies qui serait laissée à la disposition des Syndics comme fonds de secours.

Un compte-rendu des recettes et des dépenses serait présenté, tous les six mois au moins, par les Syndics à l'autorité.

Ces comptes-rendus pourraient être publiés.

www.ingramcontent.com/pod-product-compliance
Lightning Source LLC
LaVergne TN
LVHW050430060726
842526LV00007B/2501